NOTICE

SUR UNE VIE MANUSCRITE DE SAINT OMER

PRÉCÉDÉE

D'UN ESSAI SUR L'ORFÉVRERIE ET LA TOREUTIQUE

APPLIQUÉES A LA RELIURE DES LIVRES

PAR

CH. DE LINAS

MEMBRE NON RÉSIDANT DU COMITÉ DE LA LANGUE
DE L'HISTOIRE ET DES ARTS DE LA FRANCE

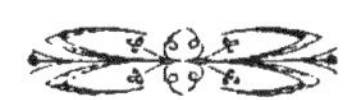

AMIENS

TYPOGRAPHIE DE CARON ET LAMBERT

PLACE DU GRAND-MARCHÉ

ORFÉVRERIE DU XIVᵉ SIÈCLE.

NOTICE

SUR LA RELIURE D'UNE VIE MANUSCRITE DE SAINT OMER

Appartenant à Mgr. l'abbé PRINCE DE LA TOUR D'AUVERGNE, Auditeur de Rote.

Lorsque, vers le commencement du IVᵉ siècle de notre ère, un changement s'opéra dans la disposition des livres et qu'ils passèrent de leur état primitif de rouleau, *volumen*, à la forme carrée qu'ils affectent encore aujourd'hui, les relieurs durent s'appliquer à trouver un système de couverture approprié à la mode nouvelle. Il n'entre pas dans mon plan de traiter, *ex professo*, une matière sur laquelle le savant Gabriel Peignot avait promis un travail curieux et érudit (1), comme toutes ses publications; je renvoie les lecteurs désireux d'approfondir la question à l'article *Reliure*, que M. Paul Lacroix a inséré dans le *Moyen-Age* et la *Renaissance* (2); ils y trouveront une foule de documents historiques et bibliographiques, malheureusement trop abrégés. Mon but, avant d'aborder le précieux volume qui forme le sujet principal de cet article, est de donner quelques renseignements sommaires sur l'orfévrerie (3) et la toreutique, dans leurs rapports avec l'ornementation des manuscrits.

Le plus ancien exemple de reliure métallique nous est fourni par Georges Cédrénus, chroniqueur grec du XIᵉ siècle *(Synopsis historiarum)*; cet auteur dit que, en 326, l'empereur Constantin offrit à la principale église de Rome les quatre évangiles couverts d'or et de pierres précieuses (4). La *Notitia dignitatum utriusque imperii*, écrite vers l'an 450, nous apprend également que certains officiers de l'empire d'Orient portaient, dans

(1) Essai hist. et arch. sur la reliure des livres et sur l'état de la librairie chez les anciens. Dijon, 1834, p. 66.

(2) Tome V.

(3) Il est bien entendu que la ciselure, la joaillerie et l'art de l'émailleur sont compris sous la dénomination générale d'*Orfévrerie*.

(4) Cedrenus igitur, in *Constantino* an. 21, refert eumdem imperatorem volumina evangelica auro puro, ac unionibus, prætiosisque lapidibus fulgida obduxisse, et in magno Urbis templo collocâsse, non pretio tantùm quàm magnificâ principis pietate miranda. (Ciampini, *Vet. monimenta*, tome I, p. 131, col. 2.)

les cérémonies publiques, de grands livres carrés, relatifs à l'administration des provinces, reliés en cuir de diverses couleurs, décorés sur les plats du portrait de l'empereur, avec de petites verges d'or disposées horizontalement ou en losanges [1]. Zonare (*Annales, livre* XIV, *chap.* 16), rapporte que Bélisaire trouva dans le trésor de Gélimer, roi des Vandales, les saints évangiles brillants d'or et de pierreries. Anastase le bibliothécaire, *(De Vitis Romanorum Pontificum)*, a mentionné une multitude d'exemples de reliures précieuses : sous le pape saint Hormisdas (514-523), l'empereur Justin donne à l'église romaine *Evangelia cum tabulis aureis et gemmis pretiosis pensant. lib.* XV [2]; sous saint Vitalien (655-669), Constant II, parmi divers présents envoyés, *beato Petro apostolo*, a soin de comprendre, *Evangelia aurea cum gemmis albis miræ magnitudinis in circuitu ornata* [3]. Saint Grégoire III (731-742) offre à la basilique de saint Calixte, *Evangelia aurea cum gemmis* [4], et l'on trouve, sous les pontificats de Léon III (795-816), Paschal (817-824), saint Léon IV (847-855), Benoît III (855-858), des témoignages d'une semblable magnificence [5]. C'est à ce dernier pape que l'empereur Michel III Porphyrogénète fit remettre par son ambassadeur le moine Lazare, peintre distingué, *pictoriæ artis nimiè eruditi*, *Evangelium de auro purissimo cum diversis lapidibus pretiosis* [6].

On lit dans la chronique d'Hariulfe [7] qui, vers l'an 1100, inventoria le trésor de St.-Riquier, que le livre d'évangiles [8], donné en 793 par Charlemagne à son ancien silentiaire Angilbert, devenu abbé de ce monastère, était *auro scriptum cum tabulis argenteis auro et lapidibus pretiosis mirificè paratum.* Les deux bénédictins voyageurs, Dom Martène et Dom Durand, virent, en 1724, à l'abbaye de St.-Maximin de Trèves, un évangéliaire provenant d'Ada, fille de Pépin-le-Bref, et dont la couverture

(1) Le *Moyen-Age* et la *Renaissance*, tome V. *Reliure*, fol. 1.
(2) *Anastase*, édit. Migne, tome II, p. 477.
(3) Id. ibid. num. 135.
(4) Id. ibid. tome II. num. 198.
(5) Id. ibid. num. 393, 445, 551, 569, 572, 573.
(6) Id. ibid. num. 574.
(7) D'Achéry, *spicilegium*, 1723, tome II.
(8) Ce volume, dépouillé de sa précieuse enveloppe, fait aujourd'hui partie de la bibliothèque communale d'Abbeville.

resplendissante de pierres précieuses [1], était ornée d'une grande agate gravée, large de cinq pouces sur quatre de hauteur, représentant Ada, l'empereur son frère, et ses fils. Les mêmes auteurs parlent aussi d'un autre évangéliaire, qu'offrit Louis-le-Débonnaire à l'abbaye de St.-Médard de Soissons, et qui, suivant eux « était couvert d'un très-beau filagramme *(sic)* de vermeil doré, que l'abbé Ingran fit exécuter en 1169 [2]. »

Ciampini, dans ses *Vetera monimenta* [3] a fait graver la figure d'un livre d'évangiles, placé sur une table entre quatre chandeliers, et qu'il fait remonter au temps de Justinien (527-563) [4]; ce volume est disposé de manière à ce que le plat gauche soit tourné vers le public; on y reconnait un buste très-simplement encadré, que le savant Italien croit être celui de saint Jean.

Martin Gerbert *(vetus liturgia Alemanica)* décrit la reliure d'un sacramentaire de Soleure, manuscrit du IXe siècle : elle était formée d'une étoffe de soie violette, avec les images de la sainte Trinité, des quatre évangélistes et des quatre docteurs de l'Eglise, en argent doré [5]. Le plat droit de l'évangéliaire trouvé près de Charlemagne, dans son tombeau, à Aix-la-Chapelle, représentait Dieu le père entre deux anges, avec les animaux symboliques aux angles [6]. Les Bollandistes [7] mentionnent un *Textus evangeliorum auro gemmisque perornatus* du IXe siècle, à la bibliothèque Cottonienne. Enfin, Dom Bernard de Montfaucon, dans sa notice sur la bibliothèque Ambrosienne de Milan, parle en ces termes d'un manuscrit Ruthénien, dit de saint Cyrille : « *argenteis tabulis compactus, in queis anaglypta sunt* [8]. »

Je pourrais, à l'aide de quelques recherches, augmenter encore ce luxe

(1) Codex evangeliorum operimento perquam eleganti, quod gemma variis emblematis, atque parergis, nitet affabrè factis. (Mabillon, *Ann. Bened.*)

(2) *Voyage littéraire*, tome II, p. 290.—Le *Moyen-Age* et la *Renaissance*, t. V, *Reliure*, fol. 11.

(3) Tome I, chap. 16, p. 133, pl. XXXVII, fig. 2.

(4) Cette figure est extraite des *Commentaria in notitiam dignitatum utriusque imperii*, de Gui Pancirole, célèbre jurisconsulte italien du XVIe siècle.

(5) Imprimis magnificè compactum est Solodorense panno quidem holoserico violacei coloris, argenteisque et auratis SS. Trinitatis et quatuor evangelistarum, ac quatuor ecclesiæ doctorum imaginibus circumdatum. *Vet. lit. Alem.* tome I, p. 105.

(6) *Délices des Pays-Bas*, tome III, pl. 17, fig. 13.

(7) VI Mars.

(8) *Diarium italicum*, p. 20.

de citations: mais j'ai hâte d'arriver aux monuments échappés à la barbarie ou à la cupidité. Le premier qui soit connu est la couverture de l'évangéliaire grec, offert à la basilique de Monza par Théodelinde, reine des Lombards, vers la fin du VIe siècle; elle se compose de deux plaques d'or ciselées, avec des pierres de couleur et des camées antiques (1).

Je nommerai, en seconde ligne, un autre évangéliaire provenant de l'abbaye de St.-Emmeran, de Ratisbonne, aujourd'hui conservé à la bibliothèque royale de Munich; ce précieux volume écrit en 870 par les frères Beringarius et Luithardus, sur l'ordre de Charles-le-Chauve, fut revêtu, sous le règne d'Othon II (972), d'une magnifique reliure en or ciselé, présentant, au centre, le Christ assis dans une gloire, avec perles et cabochons, disposés parmi des bas-reliefs d'une exécution si fine, que malgré les inscriptions en capitales romaines placées à côté, M. Jules Labarte n'hésite pas à y reconnaitre la main des meilleurs artistes de l'école Byzantine. (2). Une œuvre du XIIe siècle, non moins remarquable, existe dans la bibliothèque de Würtzbourg (Bavière), où elle protège un livre d'évangiles: c'est une plaque d'argent découpée à jour, sur laquelle on a buriné Notre-Seigneur, au milieu d'un cercle inscrit dans un losange, cantonné des quatre symboles; les intervalles sont remplis par des rinceaux vigoureusement accentués (3). A cette nomenclature, j'ajouterai la couverture en vermeil de l'évangéliaire dit de la Ste Chapelle (4), travail du XIIIe siècle, figurant la résurrection du Christ; Un baptême de Notre-Seigneur de la même époque, bas-relief en cuivre doré et ciselé, que j'ai vu au musée archiépiscopal de Cologne (5); Une nielle de 1579 donnée par le

(1) Frisi, *Memorie di Monza*, tome III, pl. 14. — Du Sommerard, *les Arts au moyen-âge*, 10e série, p. 211, pl. 14.

(2) *Description des objets d'art composant la collection Debruge-Duménil*, introd., p. 221.

(3) Le *Moyen-Age* et la *Renaissance*, *Reliure*, pl. 4.

(4) Ms. 665 de la bibliothèque impériale; l'autre plat, qui a été détruit, représentait un crucifix. *Id. ibid.*, pl. 7. — Willemin, *Monuments inédits*, pl. 143. — Dibdin, *Voyage en France*, tome III, p. 112.

(5) Cette collection, où viennent figurer tour-à-tour les objets précieux conservés dans les églises ou les musées particuliers de la Prusse-Rhénane, est placée sous l'habile direction de M. l'abbé Franz Bock, un des plus remarquables savants de l'Allemagne, et sans contredit, l'homme de l'Europe qui possède le plus de documents sur les étoffes du moyen-âge et les anciens vêtements sacerdotaux. Le *Geschichte der liturgischen Gewänder des Mittelalters*, dont la première livraison a paru tout récemment, remplacera fort à propos, traduit ou non traduit, les *Mélanges d'archéologie* que la fin si déplorable de l'illustre P. Arthur Martin va sans doute interrompre.

roi Charles V (1) ; La plaque fleurdelysée de l'évangéliaire de Cysoing (2) ; La reliure du grand cartulaire de Jacques Coëne, abbé de Marchiennes (3), et la couverture en or ciselé, avec des sujets pieux et des figures de saints, entourés de diamants et de rubis, bijou attribué non sans raison à Benvenuto Cellini, et que possède le musée du duc de Saxe-Gotha (4).

Les reliures émaillées ne sont pas d'un moindre intérêt que leurs congénères en métal pur. Le trésor de la cathédrale de Milan en conserve une de cette espèce, haute de 0m43c, large de 0m36c et revêtue à profusion d'émaux champlevés et de cabochons ; la tradition en fait un don de l'archevêque Aripert à son église, vers l'an 1020 : au haut, apparait le Christ dans sa gloire, dominant un crucifix entouré de quatre médaillons circulaires, où sont figurés la Ste Vierge, St.-Jean et deux soldats ; cinq autres plaques carrées, avec des inscriptions verticales, contiennent des scènes tirées de l'Écriture sainte et les angles sont décorés des symboles évangélistiques (5). Le musée de Cluny étale, au milieu de ses richesses artistiques, deux plaques d'émail du XIIe siècle, qui sans doute ont jadis recouvert quelque vieux manuscrit; l'une a pour sujet l'adoration des rois ; l'autre, St.-Étienne de Muret, fondateur de l'ordre de Grandmont, conversant avec St.-Nicolas, fait constaté par cette inscription : NICOLAS

(1) Cette plaque, en cuivre doré et bruni, représente l'apôtre saint Jean écrivant, au centre d'une arcade placée sur un champ fleurdelysé; aux angles se trouvent les symboles des quatre évangélistes, qu'encadrent des médaillons circulaires ; dans le cintre, un ange déroule un phylactère avec les paroles *Et Verbum caro factum est* et sur le cartouche qui va d'un chapiteau à l'autre, on lit cette inscription :

Ce livre bailla a la sainte chappele du palais
Charles le Ve de ce nom roi de France qui fu
Filz du roi iehan lan mil troiz cens lxxix.

V. Le *Moyen-Age* et la *Renaissance*, Gravure sur métaux, pl. 2.

(2) Ms. no 15 de la bibliothèque communale de Lille : on aperçoit encore distinctement la place occupée par les cabochons qui l'ornaient jadis.

(3) Elle est en velours rouge, ornée de coins et de plaques en cuivre doré et ciselé par un habile artiste douaisien du XVIe siècle ; son prix fut de 82 livres, savoir 12 l. pour la reliure, 10 l. pour le velours et 60 l. pour l'orfèvre. *Etude sur Dom J. Coëne*, par Ch. de Linas, p. 21. (La *Picardie*, tome II, p. 121).

(4) M. Jules Labarte (*Description*, etc., p. 260) pense, sans oser l'affirmer, que ce petit livre d'heures, de 0m08c à 0m09c en carré, est celui que Paul III fit exécuter par le sculpteur florentin, pour être offert en cadeau à l'empereur Charles-Quint.

(5) Millin, *Voyage dans le Milanais*, tome III, p. 410. — Le *Moyen-Agé*, etc., *Reliure*, fol. 3.

ERT PARLA A MONE TEVE DE MVRET [1]. A l'abbaye de Corvey (près d'Hœxter en Westphalie), fondée en 822 par Louis-le-Débonnaire et fille de notre célèbre monastère de Corbie, se trouve une reliure en cuivre doré et ciselé, ornée de pierres précieuses et de médaillons en émail de Limoges, représentant la Sainte Vierge et les attributs des quatre évangélistes [2]. On voit également dans la riche collection de M. le prince Soltykoff, à Paris, une couverture de livre du XIIIe siècle, en émail champlevé ; au centre, le Christ dans une gloire, assis sur l'arc-en-ciel, entouré des astres du firmament et cantonné des quatre animaux symboliques, bénit à la manière latine ; une bordure élégante composée de demi-cercles et de palmettes entrelacés, encadre le tout [3]. Mais, le plus beau morceau de ce genre qui soit à ma connaissance est une reliure du XIIIe siècle, en cuivre ciselé, que j'ai vue au musée archiépiscopal de Cologne, et dont je veux donner ici la description détaillée. Autour d'une figure du Christ sculptée en haut-relief et d'assez grande dimension, placée dans une gloire en forme de quatrefeuille allongé, se groupent des médaillons en émail de Limoges, avec les images symboliques des quatre points cardinaux et les noms gravés des quatre évangélistes ; les côtés extérieurs sont occupés par six autres médaillons de même travail, ornés de rosaces et de rinceaux, alternant avec des carrés évidés à fond de velours, sur le biseau desquels sont plusieurs inscriptions en caractères latins, que le défaut de jour m'a empêché de lire.

Il est assez difficile de déterminer exactement à quelle époque on appliqua, pour la première fois, la toreutique à l'ornementation des livres. M. J. Labarte avance qu'après la chûte de l'empire on employa les dyptiques à décorer la couverture des manuscrits, usage qui servit à en sauver un très-grand nombre [4] : si la seconde partie de son assertion est exacte, il n'en est pas de même de la première ; car le plus ancien monument connu de ce genre, le dyptique païen du IIIe siècle, conservé à la bibliothèque de Sens, recouvre un manuscrit du XIIIe siècle, l'Office de la

(1) Le *Moyen-Age*, etc., *Reliure*, fol. 3, tome V.

(2) Ce renseignement m'a été fourni par M. l'abbé F. Bock.

(3) Le *Moyen-Age*, etc., *Reliure*, pl. V.

(4) *Description*, etc., p. 24.

Circoncision, si improprement appelé l'Office des Fous [1]. Le cas identique existe pour une autre reliure aussi curieuse, quoique moins célèbre, placée sur un évangéliaire du IXe siècle (Ms. n° 99 de la bibliothèque impériale), et que M. Ch. Lenormant, au moyen de savantes analogies, fait remonter au IVe ou Ve siècle; le plat droit représente saint Matthieu nimbé et barbu, assis sur une sorte de chaise curule, ayant sous les pieds un *scabellum*; derrière lui, sont deux autres personnages également barbus. La partie supérieure de l'une et l'autre face est occupée par deux anges, portant chacun un livre et soutenant une couronne de chêne, au centre de laquelle est inscrite une croix grecque. Autour du sujet principal se groupent quatre autres sujets plus petits, où sont figurés divers miracles de Notre-Seigneur [2]. Sur le plat gauche, on voit la Vierge sur un trône, ayant dans ses bras l'enfant Jésus, tenant une petite croix, et derrière elle, deux anges au front ceint d'une bandelette; de chaque côté, Zacharie et Elisabeth, le Départ pour Bethléem, l'Annonciation, la Visitation [3]. En adoptant l'opinion de T. F. Dibdin, qui croit l'enveloppe contemporaine du manuscrit [4], l'idée émise par M. J. Labarte n'en serait pas moins sujette à controverse, d'autant plus que cette enveloppe, excédant en hauteur et en largeur le format du volume qu'elle renferme, n'a pu incontestablement être faite pour lui. Quoiqu'il en soit, sans m'étendre plus au long sur une question qui demanderait à être spécialement étudiée, je vais continuer à classer, par ordre chronologique, les principaux ivoires parvenus à ma connaissance, et qui servent, ou ont pu servir, à la reliure des livres anciens.

Les premiers en date ornent un évangéliaire de la bibliothèque de Vürtzbourg; ils consistent en deux plaques encadrées seulement de trois côtés par une bordure à oves, et dont un artiste Byzantin, du VIIe siècle, a profondément fouillé l'intérieur, pour y mettre des Rinceaux de feuilles energiquement exprimés, l'Agneau divin au centre d'un carré, des Lions, des

(1) Ce dyptique, encadré d'argent ciselé, est trop connu pour le décrire ici; il est gravé dans Millin, *Voyage en France*, tome I, p. 61, pl. 2 et 3, et dans le *Moyen-Age*, etc., *Reliure*, pl. 1.

(2) Jésus guérissant l'hémoroïsse, l'histoire du Centenier, l'aveugle né et le paralytique.

(3) *Trésor de numismatique et de glyptique*, bas-reliefs et ornements, tome II, pl. 9, 10 et 11.

(4) *Voyage en France*, tome III, p. 140.

Ours et des Oiseaux ; le fond est doré (1). Un autre ivoire grec contemporain, que garde le même dépôt, a évidemment fait partie d'une reliure ; on y voit en haut-relief, la sainte Vierge et saint Nicolas, debout sous un baldaquin à colonnes ; leurs vêtements, d'un dessin très-riche, sont dorés en partie, et le second personnage tient à la main un de ces *Evangelia cum auro,* si souvent mentionnés par Anastase (2). Le psautier de Charles-le-Chauve, à la bibliothèque impériale (3), est encore plus remarquable : l'un des plats, entouré d'une large bordure de pierres fines cabochons enchâssées dans de petites plaques d'argent, représente, selon le R. P. Cahier (4), l'histoire de David et du Prophète Nathan ; l'autre, la vision de saint Basile, relative à la mort de Julien l'apostat (5).

Le savant Gerbert, dans son ouvrage sur l'ancienne liturgie de l'Allemagne, a fait reproduire par la gravure le plat gauche d'un sacramentaire du IXe siècle, appartenant au couvent de saint Blaise, dont il était abbé : L'Ascension de Notre-Seigneur y est figurée d'une manière assez curieuse : mais les rinceaux d'argent qui forment son entourage, œuvre très-élégante du XVe ou XVIe siècle, n'en sont pas moins en désaccord complet avec le sujet principal (6). A côté de ces spécimens de l'art karolingien, viennent naturellement prendre place, les cinq Crucifix accostés de scènes ou de symboles relatifs à la mort de Notre-Seigneur, que le R. P. Cahier a décrits et publiés dans les *Mélanges d'Archéologie* (7) ; ces bas-reliefs, dont quatre atteignent une assez grande dimension, se voient à la bibliothèque impériale (Supplément latin, n° 650), à celle de Munich (n° 37),

(1) Le *Moyen-Age,* etc., Dyptiques, pl. 11.

(2) *Id. ibid.* pl. 1.

(3) Ms. n° 1152, fonds latin.

(4) *Mélanges d'Archéologie,* tom. I, p. 42, avec planches.

(5) Ce second bas-relief est entouré de filigranes disposés en treillis avec pierres fines. J. Labarte, *Description,* etc., p. 217.— Le *moyen-âge,* etc., *Reliure*, pl. III.

(6) « Nostrum verò *San-Blasianum* holoserico nigro cum repagulis argenteis, ejusdemque metalli laminis figuratis : ad quatuor angulos, evangelistæ cum insignibus, opere fusorio : in medio includitur tabula elephantino opere anaclyptico eâ ex parte, quâ pro more eorum temporum aspectui fuit expositus liber a sinistro latere. Repræsentat Christum in cœlos assumtum in limbo : ad latus figura virilis et muliebris cum diademate, Sc. caput viri radiatum, matronæ velatum desuper luna crescens. Donarium regium hoc innuere videtur. » Gerbert, *Vetus liturgia Alemanica,* tome I, p. 105, pl. 1.

(7) Tome II, p. 39, pl. 4, 5, 6, 7 et 8.

au trésor de l'église de Notre-Dame à Tongres, dans la collection de S. M. le roi de Bavière et dans celle de M. Carrand.

Au fur et à mesure que l'on se rapproche des temps modernes, les monuments deviennent un peu moins rares, sans être pour cela moins précieux ; telles sont les reliures de deux graduels notés, conservés dans la bibliothèque de Bamberg, et exécutés, l'un pour l'empereur Henri II (1024), l'autre, pour l'impératrice Cunégonde sa femme ; sur le premier, se trouvent le Christ et la sainte Vierge; sur le second, saint Pierre et saint Paul ; ces quatre personnages sont accompagnés d'inscriptions grecques, disposées verticalement. Une autre reliure du même temps, à la bibliothèque royale de Berlin, représente le Christ assis, bénissant suivant le mode en usage dans la liturgie orientale (1). L'église de *S. Maria in Lyskirchen*, à Cologne, possède un évangéliaire orné de sculptures en ivoire, du XIe siècle, avec bordure en cuivre jaune (messing) ciselé du XVe. Enfin, l'on garde à la bibliothèque de l'université de Vürtzbourg un très-beau livre d'évangiles, où le martyre de saint Kilian et de ses compagnons est figuré en bas-relief (1018) ; au bas de cette œuvre évidemment byzantine, le bourreau vient de trancher la tête des trois saints, qui, rendus à une vie nouvelle dans la partie supérieure, sont enlevés au ciel par deux anges : la composition est placée sous un dais, identique de forme et de dessin, à celui que j'ai mentionné plus haut, en décrivant la sainte Vierge et le saint Nicolas du même dépôt : mais l'ampleur du style de ces derniers ne se rencontre pas chez l'autre (2).

On peut aussi admettre, dans la catégorie des reliures, une plaque d'ivoire du musée de Cluny (X[e] ou XIe siècle), sur laquelle un artiste de l'Occident a sculpté une chasse au lion, des vignerons et un satyre cueillant des raisins disposés parmi d'élégants rinceaux (3).

Les admirables vitrines du musée archiépiscopal de Cologne, splendide écrin où brillent tant d'objets précieux, renferment, en ce moment, deux

(1) J. Labarte, *Description*, etc., p. 29.

(2) L'encadrement de cet ivoire, en argent et vermeil, avec pierres cabochons et les symboles évangélistiques aux angles, dans des médaillons quadrifoliés, est du XVe siècle. *Les Arts somptuaires, Reliure*, pl. 1.

(3) J'y verrais volontiers le diable détruisant la vendange. Le *Moyen-Age* et la *Renaissance*, Ivoires, pl. 2.

couvertures de livres en ivoire du plus beau travail du XIIe siècle ; le plat droit de la première représente le Christ assis dans une gloire, que supportent deux anges et qu'entourent plusieurs saints martyrs ; le plat gauche est orné des symboles évangélistiques découpés à jour ; sur la seconde, on voit Notre-Seigneur au milieu des Apôtres : l'une et l'autre ont une bordure en cuivre doré, où j'ai remarqué un *opus reticulatum interseratile* très-finement travaillé.

Le dernier ouvrage de torcutique, que je mentionnerai ici, est placé sur un manuscrit de la bibliothèque publique de Rouen (fonds Leber) ; l'Annonciation y est figurée sous le voile allégorique de la fable de la Licorne, si commune sur les petits meubles du moyen-âge. La sainte Vierge assise au milieu d'objets divers, tels qu'un orgue, une fontaine, une tour, un *vasculum aquæ sacræ*, et ayant derrière elle le Père Éternel, les mains étendues, saisit par la corne la bête fauve effrayée ; vis-à-vis, l'ange Gabriel, en chasseur, tenant trois chiens en laisse et une croix en guise d'épieu, souffle à pleins poumons dans un oliphant, d'où s'échappe un phylactère avec les mots AVE MARIA (1) et d'autres que je n'ai pu déchiffrer, non plus que les diverses légendes semées dans le champ du bas-relief. Une double bande, l'une de quintefeuilles, l'autre de bluets, garnit le haut et le bas de cette composition du XVe siècle, qu'entoure extérieurement l'inscription en capitale fleuronnée : SIT NOMEN DOMINI BENEDICTV (2).

Peut-être le lecteur a-t-il trouvé ces considérations préliminaires un peu longues ; peut-être aussi, me saura-t-il quelque gré d'avoir mis sous ses yeux des documents extraits d'un grand nombre de volumes difficiles à se procurer, soit en raison de leur rareté, soit à cause de l'élévation de leur prix (3). J'ose espérer que l'indulgence aura le dessus, et j'entame,

(1) On peut consulter, sur la légende de la Licorne, le *Dictionnaire iconographique des monuments*, par L. J. Guénébault, tome II, p. 116, et la *Description des vitraux de Bourges*, pages 127 à 130.

(2) Cette reliure est, suivant le *Moyen-Age* et la *Renaissance*, (Reliure des livres, pl. 6), sculptée sur une *matière inconnue* ; j'ai beaucoup de peine à croire que la science moderne soit restée en défaut dans cette circonstance et j'incline à lire *inconnue au dessinateur*.

(3) Le *Thesaurus veterum dyptichorum de Gori* (3 vol. in-folio, Florence, 1759), ouvrage rare, même dans les dépôts publics, et qu'une chance heureuse de bibliophile vient de faire entrer dans ma collection de livres, renferme divers spécimens très-curieux de reliures en ivoire et en métal. Les plus remarquables sont celles : 1° de l'évangéliaire de Besançon, tome III, p. 9, pl. I, ivoire impérial grec du XIe siècle, cité par Chifflet, *Hist. de lint. sepul. Christi, cap.* X ;

sans abuser davantage d'une patience si rudement éprouvée, la description que promet un titre dont je me suis écarté jusqu'ici avec trop de complaisance.

La reliure, dont j'ai à m'occuper, consiste en deux parallélogrammes de bois de chêne fort épais, de 0m,29c en hauteur, sur 0m,195m de large, recouverts en velours rouge, qu'un document authentique, cité plus bas, fait remonter à l'année 1561 ; le plat droit est garni d'une lame d'argent ciselé, sur laquelle on voit en relief la représentation de saint Omer, nimbé, revêtu de ses habits pontificaux, la crosse dans la main gauche, tandis qu'il se sert de l'autre pour bénir. Cette figure est un peu écrasée, la tête est trop petite; elle s'éloigne, par conséquent, des bons types de l'art français des XIIIe et XIVe siècles; l'art flamand offre d'assez nombreux exemples de ce défaut de proportions. Le nimbe, la mitre ornée de six petits cabochons, les gants, la crosse, la partie externe de la chasuble, la barbe et les cheveux sont dorés, ainsi que l'écusson carré à la double croix [1], gravé sur le parement de l'aube; le reste conserve la couleur du métal primitif. Le Saint, d'un aspect majestueux, est placé au centre d'une arcade de cuivre doré, en plein-cintre trilobé à l'intérieur, retombant sur deux faisceaux de colonnettes annelées à chapiteaux cubiques, d'une rustique simplicité; les demi-tympans sont remplis chacun par trois feuilles d'acanthe réunies autour d'un bouton, et on lit sur le cartouche rectangulaire qui sert de base au personnage, les mots : SANCTV : AVDOMARVS, assez grossièrement incisés au burin : l'ensemble

2° de l'évangéliaire de Verceil, travail latin du IXe siècle, *id.*, p. 17, pl. II et III ; 3° d'un manuscrit de la Vaticane, provenant de l'abbaye de Lorch, en Allemagne, *id.*, p. 25, pl. IV et V ; 4° d'un autre volume du musée Barberini, *id.*, p. 35, pl. VI et VII ; 5° de deux évangéliaires du couvent des Camaldules de Murano, dont l'une remonte au moins au VIe siècle, *id.* p. 41, pl. VIII et IX. Une autre couverture de livre en argent doré et ciselé, qui appartenait aux chanoines *de Civitade di Friul*, doit également remonter à une très-haute antiquité; le nimbe crucifère du Christ y est déterminé par trois disques ornés chacun d'une petite croix, *id.*, p. 87, pl. X.

M. Didron, *Annales arch.*, tome XVI, p. 372, mentionne aussi deux reliures, l'une en ivoire, des premiers temps chrétiens, l'autre en émail, de l'an 1015, qu'il a vues tout récemment au trésor de la cathédrale de Milan.

Je ne veux pas oublier non plus un manuscrit de la cathédrale de Tournay, décrit par M. l'abbé Voisin (*Notice sur un évangéliaire, etc., du* IXe *siècle*). Deux plaques d'ivoire sculpté recouvrent ce volume; la première représente le crucifiement et le double triomphe de N.-S. en agneau et en homme; sur la seconde, on voit l'évêque saint Nicaise, debout entre deux acolythes.

(1) Armoiries de la ville de Saint-Omer.

du système se complète au moyen d'une bordure de douze plaques en cuivre émaillé, fixées par de petits clous à tête ronde. Des quatre coins à fond vert-clair de l'encadrement, deux sont ornés de soleils, dont les rayons laissent échapper des espèces de larmes, image de la rosée céleste répandue sur la ville de St.-Omer, par l'intercession de son fondateur; les autres présentent d'élégantes feuilles de chardon, capricieusement enroulées avec leur fleur. Le motif des pièces centrales des grands côtés se compose d'une mitre soutenue par une branche de rosier posée en pal; les feuilles, les fleurs, et la doublure de la mitre sont en émail champlevé blanc; le fond est en émail noir. Les six derniers morceaux sont remplis par une inscription en belle capitale, également sur champ noir, et qu'il faut lire d'abord de haut en bas, puis de gauche à droite, la voici :

VITA ALMI
AVDOMARI
EPI SCOPI
CONFES SORIS.

La forme des lettres, le style de l'ornementation, du costume et des accessoires, tout doit faire attribuer aux premiers temps du XIVe siècle l'exécution de cette pièce d'orfévrerie, qui n'est pas indigne de prendre place à côté des somptueux ouvrages précédemment mentionnés (1).

Un intérêt particulier vient en outre se joindre à l'intérêt déjà produit par les caractères généraux : vers le bas du panneau central, à gauche de l'effigie, se trouve un modeste poinçon, dont la quintefeuille couronnée et surmontée des trois lettres SOM, en capitale onciale, tout-à-fait conforme aux autres inscriptions, pourrait bien signaler un travail indigène; M. J. Labarte, il est vrai, donne pour marque à la communauté des orfèvres de St.-Omer un *lévrier passant* (2): mais cet auteur peut avoir rencontré son symbole sur un monument antérieur ou postérieur à celui dont il est ici question, et il est avéré qu'au moyen-âge *Omer* s'écrivait indifféremment par *O* ou par *Au;* le procès reste donc pendant, jusqu'à ce

(1) Je possède un magnifique dessin colorié de cette reliure, dû au talent de M. A. Deschamps de Pas, si connu des archéologues; la planche ci-jointe a été réduite sur bois par cet artiste amateur, d'après sa grande aquarelle.

(2) Le *Moyen-Age et la Renaissance*, tome III, orfévrerie, fol. XXXVII, recto.

Couverture de la vie manuscrite de saint Omer.

(Dessinée sur bois, par M. A. Deschamps de Pas.)

qu'advienne une nouvelle découverte, quoique mon sentiment personnel ne soit pas hostile à l'affirmative.

L'intérieur du manuscrit n'offre pas moins d'attrait que son enveloppe métallique ; c'est un volume petit in-folio sur vélin, à longues lignes, écrit en belle onciale du XIe siècle, suffisamment espacée et largement interlignée ; les titres qui subsistent encore se détachent en or, argent et couleurs, d'une manière parfois élégante, et toujours originale, sur un champ de pourpre ou sur un fond bariolé ; les majuscules sont tantôt romaines, tantôt onciales et tantôt mixtes : quant aux cinq initiales, trois A et un E sont fort beaux, le C et l'U qui les suivent n'en approchent que de très-loin.

Deux curieuses miniatures ne déparent en aucune façon ce luxe calligraphique : le n° 1, à fond bleu, représente saint Omer, debout sous une arcade richement décorée, dont l'archivolte s'effile en serpents entrelacés et repose sur deux pilastres à chapiteaux et bases de feuilles d'acanthe. L'apôtre des Morins, bénissant à la manière latine, a la tête environnée de deux nimbes concentriques, l'extérieur en argent, l'intérieur en or ; sa chasuble, très-relevée par devant, est de couleur pourpre, avec un orfroi ou pallium d'argent, chargé de trois croisettes d'or ; l'étole et le manipule, également d'or, s'évasent légèrement à leurs extrémités, pour s'épanouir en un *pédale* garni de ses *tintinnabula*. La dalmatique est bleue, doublée de vert ; l'aube blanche, sans parement ; les sandales bleues et or ; enfin, la crosse, portée dans la main gauche, consiste en un simple bâton, recourbé à son extrémité supérieure, en étroite volute dont le bec vient s'appliquer contre la hampe, sans aucune apparence de nœud ou spérule (1). L'aspect du Saint est celui d'un vieillard blanchi par l'âge. Le n° 2, placé en regard du précédent, avec lequel il n'a qu'une très-légère différence d'ornementation, montre, sur un champ de pourpre, trois personnages debout, nimbés, chaussés, habillés de longues tuniques et de manteaux à capuchons ; le premier, qui bénit et tient une crosse, doit être saint Bertin ; le second, qui bénit également, avec un philactère dans l'autre main, ne

(1) Cette crosse a de nombreux rapports avec celle de l'abbé Raganaldus, figurée sur une miniature du sacramentaire de saint Grégoire (IXe siècle), à la bibliothèque du grand séminaire d'Autun : La gravure que Dom Martène et Dom Durand en ont publiée, dans leur *Voyage littéraire*, première partie, p. 154, est malheureusement infidèle.

peut être que saint Mommolin, premier abbé de Sithiu; le troisième, dont on ne voit que la tête et le haut du corps, saint Ebertramn.

Le texte a été mutilé à une époque incertaine, mais qui remonte au-delà de la fin du xve siècle; il ne reste plus que 98 feuillets, de 100 ou 102 dont il devait se composer primitivement. Sur ce nombre, 18 sont occupés par une vie de saint Omer, en prose, dont le prologue et un paragraphe et demi font défaut; 40, par une autre vie en vers, divisée en trois livres avec prologue, épilogue et table; 9, par un supplément au poème précédent, contenant la fondation de l'église de St.-Martin, à Sithiu, et le voyage des reliques de saint Omer à Nimègue; 20, par une troisième vie également en vers; les derniers sont blancs ou remplis par: 1° *Missa in die natali sancti Audomari pontificis;* 2° la copie d'une charte de l'an 1013 (1), mentionnant l'échange fait par Hélecin, prévôt du chapitre de St.-Omer, de la terre d'Audincthun *(Odingatun)*, présent du comte de Flandres, Bauduin IV, dit le Barbu, contre deux autres biens situés à Dohem *(Dalhem)* et Vandringhem (2) *(Helbodingahem)*, qui appartenaient à Walon, noble chevalier.

La vie en prose, qui commence au milieu du troisième paragraphe, par ces mots *sancto igitur Austasio abbati* (3), est une copie presque littérale du manuscrit de Corbie, reproduit par Dom Mabillon (4), sauf un léger changement, dans la place qu'occupe le miracle de Journy, et l'adjonction des légendes du voleur de raisins et de la jeune fille tombée au fond d'un puits; les deux leçons sont absolument les mêmes: elles sont imprimées en regard dans les pièces justificatives de *La Vérité de l'Histoire de l'église de St.-Omer,* pages 393 et suivantes, d'après les extraits collationnés, en 1469, par Jean Haberges, conseiller au Parlement (5).

(1) La *Vérité de l'Histoire de l'église de Saint-Omer*, Paris, 1754, in-4°, en mentionnant cette copie p. 361, sans en donner même le résumé, fait dater l'acte de 1016; les mots *millesimo tredecimo* sont écrits cependant d'une manière très-lisible. Aubert Le Mire (*Diplom. Belg. nova collectio*, t. IV, p. 176) qui reproduit la pièce en entier, tombe dans une erreur semblable.

(2) Ou plutôt Avroult, suivant M. Courtois, de Saint-Omer, un des hommes les plus versés que je connaisse dans la topographie de l'ancienne Morinie.

(3) Et non *Austagio abbate*, comme porte le texte de *La Vérité, etc.*, p. 393.

(4) *Acta SS. Benedictinorum*, *sæc.* II, p. 559.

(5) On a omis d'y reproduire les cinq ou six lignes qui servent d'épilogue; toutefois, cette collation prouve que le manuscrit était déjà incomplet en 1469, puisque les *desiderata* actuels y sont laissés en blanc.

Le poème qui vient après a pour titre : *In gestis Audomari præfatio primi* [1] *præsulis ecclesiæ Tervanensis generosæ ;* il renferme, dans ses 51 chapitres, y compris le prologue et l'épilogue, 967 hexamètres ; c'est une véritable traduction en vers du texte précédent, dont il suit l'ordre et la division.

Les deux cent soixante-quatre vers relatifs à la fondation de l'église et au voyage de Nimègue, sont une interpolation évidemment faite à l'époque où on relia, pour la première fois, le manuscrit ; l'écriture n'est pas la même, et, quoiqu'elle ne puisse être de beaucoup postérieure à celle qui couvre le reste des feuillets, la différence, qui réside surtout dans la dimension des caractères, est trop grande pour ne pas sauter aux yeux.

La dernière *Vita metrica* débute en ces termes :

Unice, Christe, patris verbum, sapientia, virtus.

elle est aussi calquée sur la vie en prose, contient 611 vers et paraît avoir été composée, antérieurement au poème plus long d'un tiers, qui la précède [2].

J'ai feuilleté vainement les grandes collections de d'Achery, Martène, Canisius et Perz, pour y chercher la trace des lignes rhythmées [3] que je viens d'énumérer ; l'auteur de *La Vérité de l'Histoire*, etc., p. 405, en a introduit environ soixante dans ses pièces justificatives; le reste est tout-à-fait inédit.

De la *Missa in die natali*, etc., l'oraison *super populum* est seule imprimée dans le *Missale Morinense* de 1516, où elle sert de collecte à la messe du 9 septembre, jour où l'on célèbre la fête de saint Omer [4].

(1) Le P. Stilting, qui cite tant de manuscrits de la vie de saint Omer, n'a certainement pas connu celui-ci, car il n'eût pas manqué de se faire un argument du mot *primi*, dans sa dissertation, *Utrùm sanctus Audomarus sit primus Morinorum episcopus* (*Acta SS. Belgii, p.* 606, tome III). *Le Codex bibliothecæ Bertinianæ,* dont il reçut une copie *per amicum Audomarensem* (*Ibid*, p. 601), n'est autre chose que le Ms. 698 de la bibliothèque de St.-Omer, que M. Piers, *Variétés hist.*, p. 9, et *Catalogue des Mss.*, p. 63, s'obstine à désigner comme Ms. du chapitre et copie du *Codex Corbeianus*, tandis qu'une simple lecture des *Acta SS. Belgii* lui eût prouvé le contraire.

(2) L'auteur de *La Vérité*, etc., p. 10, émet cette opinion, que je partage assez volontiers.

(3) Le mot *poésie* ne peut être employé ici.

(4) La Collecte et l'Offertoire se trouvent à la messe du 8 juin *In festo depositionis sancti*

La charte d'Hélecin est publiée *in extenso* par Aubert Le Mire (1).

Sur le verso du dernier feuillet, les quatre vers suivants ont été disposés en rectangle, de manière à laisser un espace vide, que le miniaturiste voulait peut-être illustrer d'une figure de saint Omer goûtant le bonheur des élus :

Emicat hoc solio, cœlo terrâque colendus,
Audomarus præsul, *primus* Morinum moderator,
Cujus præclaris vita virtutibus aucta,
Si que ut nosse velint libro depromitur isto.

Un point reste encore à élucider, et, ce n'est pas le moins intéressant, pour ceux de mes lecteurs qui habitent soit en France, soit en Belgique, une partie quelconque de l'ancien diocèse de Térouanne ; il s'agit maintenant de faire connaitre l'historique du manuscrit, sa provenance et les diverses vicissitudes qu'il a eues à subir, avant d'arriver aux mains de son possesseur actuel.

L'auteur de *La Vérité de l'Histoire*, etc., p. 6, s'exprime ainsi : « Ces » monuments (du chapitre) consistent premièrement en trois manuscrits » recueillis ensemble depuis plusieurs siècles. Ce sont trois vies de saint » Omer ; l'une en prose, les deux autres en vers. Ces trois vies sont reliées » en bois, dans un même volume, couvert d'un côté d'un velours rouge, » et de l'autre de lames d'argent, avec une figure de saint Omer en ver- » meil, environnée d'inscriptions, le tout d'un goût antique. Ces orne- » ments, qui désignent l'usage auquel on destinoit le livre, font voir en » même temps l'estime qu'on faisoit des manuscrits qu'il contient. *Il y a* » *dans l'église de St.-Omer un manuscrit des quatre évangiles de la même* » *antiquité; ce qui fait présumer qu'autrefois ces deux livres étaient posés,* » *l'un du côté droit, l'autre du côté gauche de l'autel durant les divins* » *offices.* On regardoit donc alors le recueil des vies de saint Omer, comme

Audomari, vulgò, St.-Omer en fleurs, dans le Ms. n° 60 de la bibl. de St.-Omer, contenant les offices à l'usage du prévôt et écrit au XVIe siècle, pour Odoard de Bersacques, prévôt du chapitre de Notre-Dame. (*Comm. de M. Louis Deschamps de Pas.*) Je n'ai rencontré nulle part la Préface et la Post-Communion.

(1) Je me propose de faire imprimer, dans un court délai, quelques-unes des pièces que je viens de signaler, en les accompagnant d'explications et de développements qui ne peuvent trouver place ici ; cette publication, enrichie de planches et de *fac simile*, ne devant être tirée qu'à un fort petit nombre d'exemplaires, s'adressera seulement aux érudits amateurs de curiosités bibliographiques.

» un monument respectable ; et ce fut l'idée que M. Haberges, conseiller » au Parlement de Paris, s'en forma, lorsqu'on le lui représenta pour en » vérifier les extraits, en 1469. »

En comparant cette description et les extraits qui l'accompagnent avec le manuscrit de Mgr. de La Tour d'Auvergne, il est impossible de méconnaitre l'identité des deux recueils ; même ornementation, même ordre dans les pièces, même texte, même *desiderata :* la copie que j'ai fait prendre du manuscrit n° 814 de la bibliothèque de St.-Omer, *Vita sancti Audomari metro composita et excerpta ex libro manuscripto argenteo ecclesiæ Cathedralis, anno* 1630, vient encore confirmer cette identité. Il est vrai que De Bonnaire (1), s'appuyant sur le traité de diplomatique de Dom Mabillon, veut faire remonter au IXe siècle l'ancienneté du manuscrit qu'il mentionne : mais son assertion, émise dans l'intérêt du chapitre dont il était le représentant, n'empêche pas la charte d'Hélecin d'être tracée en caractères semblables à ceux employés dans tout le reste de ce volume, sauf l'interpolation que j'ai signalée plus haut.

Les chanoines du XVIIIe siècle ne se trompaient pas en croyant que leurs livres à riche reliure étaient autrefois placés sur l'autel. Voici un document authentique extrait des comptes de Notre-Dame de Saint-Omer (1561-1562), et dont la teneur ne peut laisser aucun doute à cet égard (2).

« *A Pierre Ficheu, relieur, pour avoir relié le lyvre quy se laisse sus le grand autel ou est la vie Monsr S^t. Aumer.* . . . .
A Antoine Dausque, orfèvre, pour avoir refaict (3) *et rassis limage S^t. Aumer aud. livre et y livré ce questoit besoing.* . . . . *XXV^s* »

Les traces de cette soi-disant réparation sont encore visibles et le velours rouge, qui remplaça peut-être alors quelque vieille étoffe orientale, dont les débris seraient si appréciés aujourd'hui, n'a pas trop perdu de son lustre.

Après la mort de Jacques Blaseus, sixième évêque de St.-Omer, survenue le 21 mars 1618, ce prélat ayant légué sa bibliothèque au chapitre, à condition qu'elle serait rendue publique (4), le *Codex argenteus,* exilé de

(1) *La Vérité,* etc., p. 7.

(2) Communication de M. Louis Deschamps de Pas.

(3) Il est superflu de faire observer que l'expression *refaict* est ici employée pour *rétabli ;* le prix de 25 sous, alloué à l'orfèvre et au relieur réunis, en est une preuve surabondante.

(4) Wallet, *Description du pavé de l'ancienne cathédrale de St.-Omer,* in-fol., 1847, p. 109.

l'autel, où l'on n'admettait plus que des livres rigoureusement liturgiques, vint augmenter la collection due à la munificence épiscopale ; on ne peut expliquer que par ce moyen les mots *Bibliotheca Blazeandri*, écrits en belle cursive du XVIIe siècle, sur le feuillet qui sert de garde.

Depuis 1754, époque à laquelle De Bonnaire fit paraitre son livre, jusqu'à l'année 1851, où j'eus le bonheur de rencontrer le manuscrit de St.-Omer, dans la précieuse bibliothèque léguée à son petit neveu, par S. Em. Mgr le cardinal de La Tour d'Auvergne, évêque d'Arras, la trace en est complètement perdue ; Mgr. de Conzié, peu scrupuleux vis-à-vis des propriétés de son chapitre, l'emporta-t-il avec lui quand, en 1769, il fut transféré au siége d'Arras? Un Audomarois, qui l'avait sauvé du naufrage révolutionnaire, en fit-il hommage à son nouveau pasteur après la restauration du culte? J'incline vers la dernière opinion : car Mgr. de La Tour d'Auvergne n'a pas compris la *Vie de saint Omer* dans le catalogue qu'il dressa lui-même des livres provenant de l'ancienne bibliothèque de l'évêché, livres qu'on lui avait restitués comme tels en 1802, et le vénérable prince de l'église n'était pas homme à s'approprier, sans motifs, un objet qui ne lui aurait pas été personnellement offert.

Je me résume ; deux faits principaux ressortent des considérations que je viens d'exposer : le premier et le plus important, au point de vue général, puisqu'il n'a, du moins à ma connaissance, été remarqué par aucun des écrivains liturgistes de la France et de l'étranger, c'est l'admission, sur l'autel, de livres non indispensables à la célébration de l'office divin, usage conservé dans l'église de Saint-Omer jusqu'à une époque relativement moderne ; le second, qui ne présente qu'un intérêt tout local c'est la découverte inespérée de la plus ancienne copie connue du *manuscrit de Corbie*, découverte d'autant plus précieuse, qu'elle réfute, sans contradiction possible, les graves erreurs commises par un auteur, peut-être estimé trop bas dans sa patrie (1), mais que consultent pourtant avec plaisir nos voisins de la Belgique et des contrées d'Outre-Rhin.

(1) M. H. Piers, ancien bibliothécaire de la ville de Saint-Omer, auteur de nombreuses brochures auxquelles on peut appliquer ce vers de Martial :

Sunt bona, sunt quædam mediocria, sunt mala plura.

www.ingramcontent.com/pod-product-compliance
Ingram Content Group UK Ltd.
Pitfield, Milton Keynes, MK11 3LW, UK
UKHW020233180726
13838UKWH00005B/2373